JN418188

너랑 아리랑

조봉제 시집

月刊文學 출판부

| 시인의 말 |

삶과 문화는 자연 속에서 생태계와 공생으로 이루어져 있습니다.

인간은 그중에서 가장 영리하고 지혜가 높은 만물의 영장 자리에 있으나 지구 생태계를 파괴하여 종말의 때를 가져오게 한 주범이라 생각합니다.

각종 뉴스에 의하면 30년 후 2047년이면 수습 불가능한 종말이 된다 하였습니다.

이미 생태계가 파괴되고 있습니다. 생태계의 큰 이동도 시작되었습니다. 예측할 수 없는 기후변화가 이를 보여 주고 있습니다.

자연주의자 심원은 고심하고 있습니다.

인간의 삶이 영원하려면 생태계에서 너랑 아리랑을 함께 불러 생명들의 본질인 사랑을 중심으로 한 공동체의 확산이 아니면 종말을 극복할 수 없다고 봅니다. 그래서 꿈꾸는 길도 아리랑 부르며 함께 가는 아라리요 길을 추구하고 있습니다.

삶은 원래 아름다운 사랑의 길, 자연에 도취된 낭만의 길이지만 자연 훼손의 길, 이기적인 삶의 투쟁의 길, 착취의 길, 생존을 위한 전쟁의 길을 가다 보니 자연계를 넘어 인류에게 종말이 오고 있습니다.

안타깝습니다. 심히 안타깝습니다.

2018년 봄맞이 길에서

심원 조봉제

| 축사 |

자연주의자의 간절한 노래

이광복
(소설가 · 한국문인협회 부이사장)

문학은 언어예술입니다. 그중에서도 시는 언어예술의 극치라고 말할 수 있습니다. 시인은 끊임없이 언어를 갈고 닦고 매만지고 다듬어서 시를 창작해 냅니다. 따라서 시인을 일컬어 흔히 언어의 연금술사라고 합니다. 그만큼 언어에 공을 들여서 예술작품을 빚어낸다는 뜻입니다.

심원 조봉제 시인은 『문예사조』를 통해 등단한 이래 꾸준히 자신의 작품세계를 천착해 왔습니다. 그동안 간행한 시집만 해도 『용설란』 『무변』 『하얀 시간』 『민초들의 숨결』 『숲에서 오는 편지』 『불빛처럼 하늘빛처럼』 등 여러 권에 이릅니다. 여기에 또다시 이 시집 『너랑 아리랑』을 한 권 더 보태게 되었으니 참으로 놀라운 열정이라 하겠습니다.

특히 이번에 상재하는 이 시집 『너랑 아리랑』에는 삶과 문화, 자연과 생태계의 공생에 관한 깊은 성찰이 담겨 있습니다. 그렇습니다. 우주 만물에는 생성과 소멸의 섭리가 있습니다. 그럼에도 만물의 영장이라 자처하는 우리 인간은 스스로 자연의 종말을 재촉하고 있습니다.

조 시인은 모든 생명들의 본질인 사랑에 초점을 맞추어 애절한, 그러면서도 구구절절 안타까운 노래를 부르고 있습니다. 행간마다 시인의 감성과 치열한 시혼(詩魂)이 듬뿍듬뿍 묻어나 아주 감동적입니다. 따라서 이 시집에 수록된 작품들이야말로 자연주의자의 간절한 노래라고 말할 수 있습니다.

아무쪼록 이 시집이 널리 읽혀서 우리 모두가 조 시인의 사상과 감정을 공유할 수만 있다면 더 바랄 나위가 없겠습니다. 이 알찬 시집 출간을 축하하오며, 조 시인의 앞날에 건강과 행운과 더 넓은 문학세계가 장대하게 전개되기를 기원합니다. 감사합니다.

차례

나는 무슨 걸음으로 2

빗물이 눈물 되어 3

하얀 그리움 4

1
너랑 아리랑

너랑 나랑도 손잡고
높은 고개 넘어보자

너랑 나랑도 친구 되어
한평생 살아보자

너랑 아리랑

1
이 개울물이랑
저 시냇물이랑
손잡고 흘러 흘러 바다로 가는데

너랑 나랑도 손잡고
바다로 흘러 보자

산바람이랑
들바람이랑
손잡고 사이좋게 고개 넘어 가는데

너랑 나랑도 손잡고
높은 고개 넘어 보자

아리랑
아리랑
아라리요

너랑 나랑 손잡고 바다로 가자꾸나
너랑 나랑 손잡고 높은 산 넘자꾸나.

2

이 나무랑
저 나무랑
어깨지어 너훌너훌 숲으로 사는데

너랑 나랑도 어깨지어
큰 숲으로 살아 보자

이 산이랑
저 산이랑
친구 되어 사이좋게 수억 년을 사는데

너랑 나랑도 친구 되어
한평생 살아 보자

아리랑
아리랑
아라리요

너랑 나랑 어깨지어 큰 숲으로 살자꾸나
너랑 나랑 친구 되어 한평생 살자꾸나.

꿈꾸는 아라리요 길

심원(心園)
수만 갈래의 인생길에서
가장 멋스러운 길이라 생각해서
아리랑 부르며 가는 길
나는 그 길을 꿈꾸고 있습니다

심원(心園)
내가 은하의 별들을 바라볼 때
은하의 별들도 나를 바라보면
별들의 눈빛을 닦는 내 영혼의 바람결이
땅의 목숨들 눈도 닦아 번쩍번쩍 별이 되게 하는
맑은 바람이고 싶습니다

심원(心園)
땅 위에서 물 속에 사는 목숨들과 눈빛 마주치고
하늘을 나는 날갯짓 목숨들과 눈빛 마주치고
목숨을 품어 쓰다듬는 바람결로 흥겨워지는
아리 아리 아라리요 길
나는 가고 싶습니다

심원(心園)
인생이 돈뭉치나 몸집의 크고 작음이 아니듯이
인생이 목숨의 길고 짧음이 더욱 아니듯이
이웃과 어깨지어 함께 걷는 홍겨운
아리 아리 아라리요 길
나는 가고 싶습니다

심원(心園)
죽었어도 시인의 이름 앞에 고(故)자를 붙이지 않는
눈물의 시인이 되어 언제나 영혼들의 얼룩을 씻는
영원을 향해 아리랑 노래 부르며 가는
아리 아리 아라리요 길
나는 가고 싶습니다.

희망의 아라리요 길

심원(心園)
자연 생태계에서는
죽고사는 생존의 한(恨)을
따뜻한 햇살과 푸른 초목 그늘에서 물을 마시며 풀고
가족 공동체 안에서 흥(興)으로 놀이하며 살아간다
그래서 나는 사색하며 기원을 합니다

심원(心園)
인간 세계에서의 바람도
군림하고 지배하는 명성과 권력보다
타인과 함께 하는 공생공영의 명성과 권력을 택하였으면
남의 희생으로 성공과 승리를 택하지 말고
남을 돕는 수단으로 성공하여 희생 없는 승리를 택하였으면

심원(心園)
남다른 기질과 기술로 많이 갖기를 선택하지 말고
더 멀리 더 많이 나누기 위한 뜻을 세우고
사랑 위해 열심히 일함을 선택하자
그리고 욕망과 힘으로 섹스를 선택하지 말고

사랑에 대한 보답과 천륜으로서 선택하였으면

심원(心園)
나의 꿈은
대자연적이고 삶이 극대화되는 조화에서
너와 함께 살아가는 가족공동체의 확장을 보고
사랑을 배우고 나누고 춤추며 살아가는 길이었으면 좋겠습니다
아리 아리 아리랑 아라리요.

아리랑 부르며 가자 하네

심원(心園)
정유년 경칩 꽃샘바람이 나에게
아름다움을 많이 쌓고 살라 하네
육체에 쌓인 것은 곧 허물어지지만
영혼에 쌓인 것은 빛이 도수를 늘이듯 더 밝고 영원하다고

심원(心園)
산기슭과 바다에 드리운 하늘의 꽃구름도 많이 쌓고
달빛 별빛 실루엣도 많이 쌓아
한대 온대 열대 지방의 꽃들의 표정과 눈빛도 쌓고
짐승들이 새끼 핥는 모성의 자애 어린 눈빛도 쌓고
가난한 이웃들의 애환 담은 눈물 어린 표정도 쌓고

심원(心園)
인간 세상에서의 더러운
모략으로 꽃피는 거짓 진실 말고
피땀 눈물로 자란 속 진실의 심향(心香)을 쌓고
나누고 거두어서 꽃핀 웃음소리도 쌓고
애정 어린 가족들의 추억도 많이 쌓으라 하네

심원(心園)
모여 사는 공동체에서는 윤리와 집단지성이 답이지만
싸우고 빼앗고 죽이고 하다 보면 삶의 멋을 모르고
속고 속는 무식대중의 흔들림과 쏠림은
창조적 소수가 쌓아 놓은 영광의 길을 뭉개고
긴긴 고난의 길 선택하여 휩쓸려 가노니

심원(心園)
너랑 나랑 우리랑 함께 뭉쳐서
외로워도 슬퍼도 진실의 길로 진리의 길로 가는
울지 말고 가자 하네 외로워도 가자 하네
아리 아리 아리랑 아라리요
아리 아리 아리랑 아라리요.

생명이 흐르는 강

심원(心園)
생명들은 흐르는 시간 위에서
대를 이어 흘러가는 하나의 강물입니다
계속 흐르기에 가문의 역사가 만들어지지만
삶의 기본이 어우러져 흐르는 강물입니다

심원(心園)
물과 바람과 흙과 불의 세계에서
조화를 이룬 자연 생태계의 생명들은
목이 마르면 물을 찾고 배가 고프면 먹거리 찾는
강은 생명을 품어서 기르며 흐릅니다

심원(心園)
인간 세상에서는 돈도 물처럼 흐릅니다
먹거리 연구하고 제품을 생산하는 기업은
돈이 샘솟는 우물을 파는 노력의 집이요
상품이 흐르는 시장은 개울이나 강이고
경제는 큰 강이나 바다라고 생각합니다

심원(心園)
자연에서나 사회에서나
흐르는 강물 주변에서 죽고 살지만
독특한 방식의 창조적 삶이나
피눈물나는 노력의 전문적 전통적 삶이나
떼지어 뭉쳐서 사는 협동적 삶이나
모두는 생존 경쟁의 여러 형태들이네요

심원(心園)
삶이 흐르는 강물에서도
먹지 못하는 굶어 죽음이 있고
싸워서 이기지 못하면 자연 도태의 죽음이 있지만
너랑 나랑 우리랑 조화로 협동해 사는 길
자연 선택으로 아리랑 부르며 가는 길
영원한 생태계의 흐름을 눈여겨봐야 합니다

심원(心園)
그러나 흐르는 강물은 내게 말합니다
노래하고 흐르면 삶과 웃음이 길어지고

토라져 흐르면 삶과 웃음이 짧아진다면서
물결은 어깨지어 춤추며 바다로 흘러간다고
아리 아리 아라리요
아리 아리 아라리요.

형제들의 봄맞이

정유년 입춘 길목에
정다운 옛 벗 모여 나눈 대화가
우리라는 동행의 마당에 피는
아름다운 꽃이었습니다

서로를 존중하고 이해하는 대화는
향기였습니다
모두들 존경스런 표정의 미소는
그림이었습니다

밥상에 마주 앉아 음식 먹는 모습은
부모 아래 식구 형제의 의리와 정이었습니다
서로의 건강을 염려하며 마시는 국물은
본향을 그리는 진한 향수의 샘물이었습니다

좋은 분위기 끝에 피는 웃음꽃은
금년 한해를 밝게 하는
소원들이 담겨 있었습니다.

우주의 눈빛 바람이

심원(心園)
시원하고 밝은 바람 아래서
내 가슴에 떠오르는 별들이여
어찌하여 나는 그대들을 그리워하며 지내며
그대들은 어찌 내 모습 눈에 담고 지내는가

심원(心園)
젊은 시절부터 자연을 지긋이 바라보며
가식 허울 벗고 진실 세상 그리워하다 보니
조화로운 자연 흐름에 너랑 나랑 우리랑은
아리 아리 아라리요 흐름 아래 있어 그런가

심원(心園)
웃으며 춤추며 노래하며 흐르는 생명들은
먹여 주고 막아 주고 놀아 주는 가족 사랑에서
아리 아리 아라리요
집단지성의 놀음 찾는 애정 그리움이 있었구나

심원(心園)

지냄에 변덕스럼 없도록
나눔에 소홀함이 없도록
사랑에 차별함이 없도록
누림에 부족함이 없도록

심원(心園)
가슴을 열어 깊은 호흡을 하다 보니
우주의 눈빛 고운 바람이 내 가슴 데운다
아리 아리 아라리요
아리 아리 아라리요.

내 가슴속에 자라나는

심원(心園)
밤의 달빛 별빛이 날 쓰다듬어 잠재우고
아침 햇살이 날 일으켜 세우는
밤낮 정서를 몰랐더라면
빛을 받아 살아가는 생태계를
이해하지는 못하였을 거야

심원(心園)
이웃 가난에 가슴 쓰리고
폭력과 질병에 시달려 죽어가는 인류의
애절한 눈물 정서가 없었더라면
이기주의가 극에 달한 현실세계에서
밥을 나누고 물을 나누는 온정과 평화는 몰랐을 거야

심원(心園)
산야의 꽃들과 반가워 웃음 웃고
산새 물새들과 화음으로 노래하는
너랑 나랑 우리랑의 정서를 몰랐더라면
그리워서 부르고 보고파서 찾아가는

화동 정서는 없었을 거야

심원(心園)
내 가슴속에 자라나는 애절한 정서
밥과 반찬이 내 하루를 숨쉬게 하는
목숨 바쳐온 미물들의 희생 정서를 몰랐더라면
너와 내가 한 몸으로 공생 공영하는 생태계의 모습
사랑공명(共鳴)을 깨닫지 못하였을 거야.

아름다운 꽃자리는

흐르는 생활 속에서
수없이 흐르는 인연들 중에서
무심코 지나면 모두가 남남이고
눈인사 나누면 모두가 이웃형제

커피 한 잔을 마시면서
나들잇길의 이것저것 생각해 보면
눈인사 눈빛이 웃음꽃 피워 주는 미소로
좋은 하루 되길 바라는 마음에도
웃음꽃 피고 지네

누구나 누구에게 웃음꽃 피워 보면
어디를 가도 어느 자리에서도
꽃피는 그 자리를 꽃자리라 하지요
들꽃에서 피어나는 꽃자리로
꽃밭에서 피어나는 꽃자리로

남편과 아내의 그리움의 꽃자리는
천륜을 만들어 내는 선택의 꽃자리요

부모와 자녀의 아리따운 꽃자리는
생명이 태어나는 운명의 꽃자리요

생명 공동체로 사랑의 공동체로
웃으며 도와 주고 웃으며 나눠 주고
꽃 피고 새 울고 물 흐르고 바람 부는
이런 저런 꽃자리는 한 몸 이룬 꽃자리

아리 아리 아리랑 아라리요
아리 아리 아리랑 아라리요.

숲속의 노래 향기

심원(心園)
요동치던 정유년 봄길 지나
신록의 산 중턱에 앉으니
찌든 세상의 잡내가 펄펄 날아가고
새소리 바람소리 숲속이 향기롭다

심원(心園)
순수 생존의 숲속은
번영의 길 허용하고 있으니
독점의 편치는 메말라 불타기 쉬워 외면하였고
조화의 협치는 푸르른 숲이 되어 영원으로 가네
아리랑 아리랑 아라리요

심원(心園)
우리가 사람이니
높고 외치는 자의 먹거리 투쟁보다
땀흘려 일하는 자의 먹거리 나눔을 들여다보고
이웃이 죽고 내가 사는 세상보다
이웃도 살고 나도 사는 세상으로 가자고

아리랑 아리랑 아라리요

심원(心園)
너만 사는 세상이 아니라
너랑 나랑 우리랑
손잡고 사는 세상으로 가자고
숲속 노래는 향기롭다
아리랑 아리랑 아라리요.

봄날처럼 오가고파

갔다 오는
봄날처럼
금년 가면
또 와야지

오색들의
꽃웃음이 좋아서
칠음계의
산새 노래가 좋아서

뭉게구름
넓은 바다 떠돌다가
높은 산 노인 바위
목을 감고 놀으니

나도야
너랑 아리랑 함께 부르며
봄날처럼
오가고파.

달빛의 여린 소원

해가 저물어
창밖에 밤이 오면
긴 세월 이겨낸 부드러운 달빛이
님을 바람결에 훙얼훙얼 위로하며 눈불 닦아
아리랑 함께 부르며 흐르자 한다

지친 삶 외로운 걸음일랑
살짝이 저만큼 내려놓으세요
물소리 잠든 강물에 비친 내 숨결 걷어
그대 영혼에 입혔으니 리듬 맞춰
아리랑 함께 부르며 흐르자 한다

한세월 둥근 꿈 하나
하늘에 다독여 심어 놓으세요
보고파 그리움 짙어지면
한가위 보름달 되어 양팔 벌려 안을테니
아리랑 함께 부르며 흐르자 한다.

삼박자 인사말

"아버지
제 신발이 터져서 물이 새어요."
신발운동화 한 켤레 얼마면 되느냐
"5만원요." 여기 있다
네 취향대로 사서 신어라
"예, 고맙습니다."

다음날
"아버지 주신 돈으로 이 운동화 샀습니다."
보기 좋구나 잘 신어라
"예, 고맙습니다."

열흘쯤 지나서
"아버지 사주신 신발 편하고 좋습니다
공을 차도 멀리 가고요
친구들도 멋있다고 했습니다
고맙습니다, 아버지"

푸른 하늘이 듣고 있다가

인사 한 번이면 됐지 세 번씩이나 하다니
나도 선물 생기면 세 번 인사 받고 싶어
그 학생 찾아가서 줘야지 하고는
웃으며 바람을 휙 일으킨다.

높은 품격으로

심원(心園)
여보게 선생
가만히 들어 보니
"하나님이 주신 것 감사히 먹겠습니다."
잡수실 때마다 그렇게 기도 드립니까
"예, 그러합니다."
훌륭하십니다

심원(心園)
그러면
목숨 바쳐 밥상에 오른
고기들 나물들 품위는 빠졌네요
"아 참, 듣고 보니 그렇습니다."

심원(心園)
생명들 모두가 하늘이 빚은 목숨들이기에
내 목숨이 귀하면 남의 목숨도 귀하니
농부들의 피땀도, 생명들의 성장의 피눈물도
헤아려 주었으면……

심원(心園)

반려동물들의 보호 예의가 높아지는 요즘
피와 살이 되는 음식물의 예의도
고귀한 인품에 따라 높아지는
사랑 주관의 그 날도 빨리 다가왔으면…….

바른 길

심원(心園)
생명들의 성장 길에는
두 방향의 길이 있나요?
바르게 자라는 길
굽어져 자라는 길

우리들 모두가 바라는 길은
바르게 자라는 길
반듯하게 높이 자라는 길을
바라고 또 바라고 있네요

심원(心園)
자람은 부모의 사랑을 먹고 크는 일
사랑을 먹은 생명들은 사랑으로
기쁜 노래 부를 줄도 알고
눈이 밝아 이웃을 볼 줄도 알고

사랑을 적게 먹고 자란 생명은
소외됨을 느껴 이기주의자로 가고

이웃을 시기하고 투쟁으로 가니
사랑의 영양실조가 투쟁을 부르고 있나 봐요

심원(心園)
자연에서 보면
몸은 곧게 자라고
맘은 이웃에게 손 내밀어 손잡고 돌고 도는
강강수월래 조화로운 공생의 길 가네요

사랑의 곧은 길은
함께 살아가는 길
나누며 가는 길
너랑 아리랑 부르며 함께 도는 길.

춤추는 코스모스

하늘하늘
한들한들
산들산들

들바람 강바람
겨드랑이 날리며
웃음과 춤으로 꽃피는 그대는

태풍도 이겨내고
가뭄도 이겨내고
잡초도 이겨내고

높푸른 하늘 아래
이웃과 손 잡고 너랑 아리랑
부비며 웃으며 너랑 아리랑

낭만의 꽃길 이루니
새털구름도 내려와
어깨에 매달리며 너랑 아리랑

밤이면 산들바람이
물새 노래 산새 노래 등에 싣고
푸른 하늘 은하수로 줄줄이 흐르는가.

꽃피요 꽃

꽃피요 꽃
꽃피요 꽃
정유년 새해 해돋이에
꽃이 핀다고 새벽닭이 울어댄다

목을 비틀어서 맞이하는
욕망과 거짓은 가고
민초들의 가슴에서 밝은 꽃이 핀다고
새벽부터 닭이 울어댄다

제발 영리한 인간은 가고
바보 사람이 와서
손 잡고 부르는 너랑 아리랑
민들들의 숨결에 실려 강산에 빛이 되었으면

꽃피요 꽃
꽃피요 꽃
스마트 봄바람에 실려 흘러요
진실에서 진실로 실려 흘러요.

진실이 꽃피는 자리

먹이를 찾아 헤매는 생태계
생존경쟁의 존재 세계에서는
거짓도 진실이고 참도 진실인
숨은 진실과 부르는 진실이었으랴

보호색 입은 청개구리가 푸른 나뭇잎에 앉은 것도
가냘프나 굳센 자기 진실이고
강바닥에 숨은 흙빛 악어들의 모습도
물을 찾는 짐승들에게 착각 착오 일으키는
생태 지혜의 숨은 자기 진실이다

아름다워 보이는 수컷들의 날갯짓도
짝을 찾고 부르는 자기 진실의 숨결이고
생태 흐름의 집단생활도 자기 보호 본능의 지성이랴
새빨간 유혹을 꽃피운다

한 생명의 유일한 자기 진실은 하나
환경 따라 변화하는 누구도 알 수 없는 핏빛 숨결
사랑의 피 흐르지 않으면 꽃필 수 없는 진실은
뜨거운 눈물이 솟는 자리 사랑이 꽃피는 자리이었네라.

자연의 기도 소리

밤이나 낮이나
바람의 가슴이
물과 흙의 가슴과 함께
해를 바라보고 드리는
기도 소리 듣는다

삼라만상 모두가
부모의 꿈을 내가 그려 보고
내 꿈을 자녀에게 전해 주는
쉬지 않는 호흡 눈빛이 가상스러워
잘 해 보라고 바라는 소리 듣는다

햇살 아래서는
적막의 긴장감이 흐르는 속에 먹이를 찾고
달빛 아래서는
고요의 단잠에 들어
쓰다듬고 핥고 손질해 눈망울도 키우고

다시 산 위에 해 떠오르면

만상에 꿈 노래 부르게 하여
소원 대로 해 보라고 용기 주는
불어오는 바람의 속삭임 들린다

꿈은 이뤄지는 것
뿌리 줄기 가지 잎이 화합해서
일하고 웃고 즐길 때
꿈의 무지개는 피어오른다고
소리 없이 타이르는 바람의 기도 소리 듣는다.

2
나는 무슨 걸음으로

숨을 들이쉬면
사랑하며
아끼며
길을 밝히는 인연

나는 무슨 걸음으로

눈을 감으면
달빛처럼
별빛처럼
떠오르는 그대는

지난 세월
나와 어떤 인연으로
내 그리움의 하늘에
빛나고 있었나요

숨을 들이쉬면
사랑하며
아끼며
길을 밝히는 인연

내 가슴에 와서는
꽃나무로 자라서
꽃향기 뿜는
그대에게

나는 무슨 걸음으로
그대 인생에
고마운 길동무
되어 줄까요.

매화 눈동자

보름 달빛을 그리워하였나
산골 물소리를 그리워하였나

하얀 얼굴에 맑은 눈빛은
누굴 부르는 연민의 눈동자
임 그리는 봄비 소리가
애절히 바람결에 흐른다

떨며 눈 감고 기다린
긴긴 나날 보내고
봄비 내려 씻고 또 씻고
보고파 눈물로도 씻고 또 씻어

임 마중 하는 날
첫눈 떠서 맞이하고파
달빛 너울 소복 입고
다소곳 미소 실어 아려하다.

어찌 감당하려나

자유가 그리워서
진실이 그리워서
목숨 걸고 흔들었던 태극기 함성
깃발 소리 듣고 살아나던
자유 민주주의 대한민국 민족혼아

청명 지나 봄꽃들이 눈물꽃으로 피어나면
선조들 애국지사들 잠든 금수강산에
나는 어떤 걸음을 딛고 걸어야 하나

국토를 지키는 살아 있는 눈빛마다
희망을 갈고 닦는 마주치는 눈빛마다
무궁화 피우는 햇살이 아름다워서
웃음들이 밝고 맑아서 다짐하지만

촛불연기 검은 바람이 태극깃발 덮고 가니
밤마다 빌고 빌은 자유와 정의의 꿈이
처참히 무너지는 슬픈 가슴을
자유 대한민국 민족혼아
앞날을 어찌 감당해야 하나 어찌.

섣달 보름 서녘 달빛이

섣달 열엿새날 아침은
서산 넘어가는 서녘 달빛이
님을 그리는 애잔한 신부 얼굴이더니

오늘은 귀한 손님을 만나려나
기쁜 생각이 떠나지 않더니
해질녘에 꽃가마에서 내린 님 이름이
"은이골에서 숨다*"를 만났다

함부로 족두리 벗길 수 없어
미소로 먼저 인사하고
열이렛날 새벽 면사포 걷어 보니
연지곤지 찍은 보름달빛 그림이었다

자태며 말솜씨 예의며 분향기
귀여워 가슴 뛰고 눈물겨워서
보고 또 보고 눈 감고 맘에 담기도 한다

병신년 섣달 보름달빛이 서산 넘어 가면서

족두리 정장 신부의 큰절 남기고
귀한 인연 용인 하늘에 매달아 놓는다.

* 은이골에서 숨다 : 2017년 한국문인협회 용인 지부회장
함동수 시인 시집.

동짓날 온밤을

꿈속 세계 넓이가
하늘보다 더 넓은가

동짓날 온밤을
날고 뛰고 헤맸어도

고운 님 단아한 모습
그림자도 못 보았네

이 강 건너 저 산인가
저 산 넘어 어느 바닷간가

가는 곳 머무는 곳
귀 기울이고 살피다가

퍼드득 비둘기 날 때
임 자췬가 옆 돌아보네.

자유의 바람

목숨과 함께 받은
사랑의 큰 선물
뒤늦게 보자기 풀어 보니

자연 선택 방향으로
창조의 길 여는
쉼 없는 뜨건 바람이 불어온다

인류의 가슴속에서는
죽음을 뛰어넘은
큰 숨결 불탄 흔적

내 가슴속에는
선악을 뛰어넘는
장작불 바람이 불어나온다.

낙엽의 얼굴들

가을 바람에 흩날리는
등 굽은 황톳빛 얼굴들
제 부모 닮은 모습 낙엽들을 본다

100세 바라보는 내 아버님도
88세 돌아가신 할머님 모습
지팡이 짚는 걸음까지 닮아 있네

왔던 곳으로 돌아감이
천리요 순리지만
본향 모습 닮아서 가시려나 보다

거울 속의 나도 부모님 모습
모성회귀의 순환고리에 실려 있는가
땅은 그저 하늘 얼굴 본받아서 기를 뿐이겠지.

휘날리는 달빛 옷고름

팔월 열사흘 달빛이
남색 옷고름 휘날리며
마북근린공원으로 넘어와서

배롱나무 분홍꽃 치마폭에 싼
고들빼기 파김치 풀어놓고서
이웃에 짓는 미소가 아름답다

한가위 달만 같기를 바라며
산천의 별 달 같이 변치 말자는 소원이
정든 향수로 유유히 흐르니

어린 시절 그리워하는 친구 가슴에
새 추억 차곡차곡 쌓이게 하여
이 밤을 달빛으로 수놓이게 하네.

나의 바람머릿결

친구 구만의 아부 발언에 의하면
자연주의자 심원의 바람머릿결에서는
강약약 중강약약 숲속바람이
솔솔솔 8분의 6박자로 불어온단다

크고 작은 산 넘어오는
바람 바람 바람이 싱그러워 눈 감으면
가쁜 숨결이 발효되어 그러나
구상나무 향기로 온단다

자연에 둥지 튼 미물이나 사람이나
욕심 없고 얼굴 없는 민초들의 숨결이지만
심원의 바람머릿결에서는 때로는
실버들 강바람이 아리랑 추며 나부낀단다.

간절한 당부

추적이는 봄비 맞으며
방랑의 바람이 토종벌 데불고
찔레꽃 피는 시골마을을 거닐었다
고향 생각에 동심 그리워 둘러본 자리는
옛정 그대로 소박하였으나
꿀 따는 흉내조차 낼 수 없이 비가 내렸다
사랑이란 위로와 고독을 나누는 것이지만
꿈이 이뤄지도록 염원하는 것도 사랑의 날갯짓
옛 향수 그대로 두고 토종벌 데불고
돌아오는 길에
잘살아 주었으면 하는 염원이 큰 가운데
비는 계속 내리고 있었다.

강릉 부채길 걸으며

고집이 찌든 때로 굳어져
검게 물드는 내가 싫어서
동백에 몸을 싣고 아내랑 바람 쉬러 강릉 간다

도로를 달리던 버스 저도 시간을 타고
바람처럼 날다가 푸른 바다가 내려다보이니
갈매기로 날아 바닷가에 앉는다

양 팔 벌려 날 끌어안는 그대 바닷바람은
가벼워진 내 모습 보고는 놀라
왜 왜 무슨 일이 있었느냐고 안달이다

파도를 데불고 와서는 내 영육을
부채바위에 비비고 치대고 짤고 해서
바람소리 파도소리 갈매기 노래 감아 수놓더니

달빛 물빛 구름빛으로 물들이고 햇빛에 말려서
금강송 솔향기 흠뻑 불어넣고서는
크게 한 번 웃고 기지개 한 번 쳐보라 한다

나는 부채길 데크로드를 걷고
그대의 눈빛은 내 영육을 돌고돌아
눈물이 빗물 되어 우산 아래서 흐느낀다.

물의 미소

이슬방울이 흐른다
춤을 추기도 하면서

달빛 햇빛 사이로
하얀 물웃음이

소리 없이 모이면
그리운 눈물로도 흐르고

땅에서는 같이 살자고
하늘 오르지 말라 하고

이리 저리 숨기고
가두기도 하지만

손짓 없이 올라서는
하늘에서 꽃구름 하얗게 웃는다.

미디어 타는 산새 노래

마북공원 산새들의 합창 노래가
트위터로 여러 곳으로 날아간다

아리랑 아라리요의 노랫말이
앞산에 들리는 메아리로는
어리렁 어러리요로 들리고
뒷산에 들리는 메아리로는
오리롱 오로리요로 들린다

슬픈 소식이나 기쁜 소식이나
걸어서 만나 얼굴로 전해지던 것이
날아서 색색이며 가쁜 숨으로 전했고
번쩍번쩍 비춰서는 휘둥그래 웃어대니
고운 산새 노래가 잡소리로 뒤덮히네

아 사회환경이 변하니
진실의 전달도 변하고
변한 진실로 노래하고 춤추면
제멋을 알련지 모르지만 애달픈 바람은
산새 노래에 잡소리를 걷어내고 있다.

바람의 눈물

바람은 윗도리 벗어 집어던지고
벌건 얼굴에 훌쩍훌쩍 울고 지나간다

뜨거운 햇살 팔할을 되돌려 보내던
극지방 얼음이 온도상승으로 빙하가 녹으니
변화하는 하늘을 보고 땅을 보고 바다를 보고는
생태계의 고난을 미리 알고 울어댄다

강가에 앉아서는
산과 들을 보고 흐르는 물 속을 보고
인류의 문명이 우리들을 서서히 죽이고 있다 하고

넓은 바다를 지날 때는
이미 이동이 시작된 생태계의 파괴를 보고
2047년이면 1조 톤의 유해 가스가
지구의 종말을 부른다고 툭 뱉는다

한참을 멈춰 서 있더니

위기의 안정에는 성실이 중요하고
변화의 위기에는 감각이 중요한데
이기주의 인류에게는 안정을 맡길 수 없으니
이미 지구는 황폐의 길로 들어섰다고 운다

그러다가
화딱지 치밀어 오르면
토네이도 일으키기도 하지만
집을 잃은 자만 잠시 울고는
방송이 끝나면 또 완전히 잊어버린다고
계속 울며 돌아다닌다.

사랑하는 가을아

사랑하는 가을아 너는
해마다 노붉은 단풍길 만들어 놓고
코스모스 길도 만들어 놓고
낭만길 손잡고 가자고 기다리건만

사랑하는 가을아 나는
보고픈 님 만나지 못해
내년 가을에나 보자고 하였더니
향기로운 들국화 길 만들어 놓고
또 같이 가자고 조르는구나

사랑하는 가을아
오곡백과 황금빛이 얼른 눈치채고
나랑 아리랑 부르며 같이 살자 하니
나는 그 소원 뿌리칠 수 없었네

사랑하는 가을아 인생은
님과 함께 부비고 나눠 먹고 사는 것이지만
너 따라 가지 않는 인생 어디 있더냐

아쉽고 허전해도 먼저 가거라

사랑하는 가을아 네가 가고 나면
나는 밤마다 창문 열어 놓고
커피 한잔에 시월 달빛 담아 마시며
너의 모습 그리다 잠이 든단다.

달빛을 불러내어

새벽 서녘 달빛이
혼탁한 세상에서 밤을 지새웠는지
낭만의 청춘 가난을 보았는지
힘없이 흐릿한 얼굴빛이다

쳐다볼 때마다
내 웃음 따라 웃던 모습이
토라져 앉은 심사

무슨 노래 불러 주어
웃음 웃게 하려나
무슨 시를 읊어 주어
바로 앉게 하려나

봄바람에
매화 향기 만발하니
새옷 갈아입혀 손 잡고
강가에나 나가 볼까.

시월의 길은

시월의 발걸음은 그대와 함께
하늘 그리는 코스모스 손잡고 왈츠 걸음을

시월의 눈길은 그대와 함께
억새꽃 바람에 나부끼는 푸른 하늘을

시월의 웃음소리는 그대와 함께
라떼커피 마신 낙엽들의 수다웃음 속으로

시월의 향기는 그대와 함께
노랑 들국화 향기 이웃에 뿜어내고

시월의 낭만은 그대와 함께
알록달록 단풍길 오곡백과 나르는 일

시월의 소망일랑 그대와 함께
한가위 보름달 맞이 가정 만사형동을.

낙엽의 노래·5

가을바람이
한들한들
달빛 함께 춤을 추니

멋모르고
따라나선
단풍잎들은 고독해져

우산도 없이
가을비 맞으며
붉은 옷이 누렇게 물이 든다

추위에 등이 굽고
허기에 허리 굽고
커피빛 몸매들은 지팡이 짚고

바람 따라
달빛 따라
강강수월래 부르고 부르다가

웃음과 노래는 하늘에 심고
허기진 몸은 땅에 실어
대지 엄마 품에 자장가로 잠든다.

가을 달빛의 노래

아 가을밤 달빛이
구름 따라 바람 따라 너울대다가
눈물 맺힌 그리움으로
고운 단풍잎 쓰다듬는 소리

아 저녁 달빛 아래
강물 따라 들길 따라
속삭이는 물소리 듣고
살랑대는 달빛 마음
과일향 실어 나르는 은색 소리

부대끼어 지친 삶
외로운 발걸음일랑
사뿐히 내려놓고
황금빛 오곡길 어깨지은 위로로
강강수월래 춤도 같이 추다가

아 서늘한 가을밤
가슴에 남은 소원 하나

임 그리워 보름달로 강산에 비칠 때
하얀 박꽃 마중 받으며 아리랑 함께 부르고 싶어하네.

낭만의 가을 길로

코스모스가 하늘거리니
바람 따라 길 떠나고 싶어라

가다 보면 개울도 건너고
립스틱 짙게 바른 단풍잎이 손잡으면

산사에서 달빛 너울 함께 쓰고
밤새워 깊은 대화 나누고 싶어라

바람이 불어 불어 낙엽이 우수수
은행잎은 노랑나비 떼로 나는데

먼 하늘 황혼빛이 물들어 오니
따뜻한 라떼커피 한 잔 마시고서

달 따라 바람 따라 낙엽길 따라
무작정 길 떠나고 싶어라.

어느덧 낙엽이

가을 바람이
인생을
낙엽을
곱게 물들이라 하더니

보고픈 님
하고픈 일
가고픈 곳
곱도록 손질하는 사이

어느덧
흔들리는 그림자
한 잎
또 한 잎
낙엽이 지고 있네.

3
빗물이 눈물 되어

눈물이 빗물 되어
내리고 내리니
빗물도 눈물 되어
내리고 내리고

빗물이 눈물 되어

무거운 초여름 하늘 아래
하루 종일 비가 내린다

나뭇잎에 내리는 비는
남몰래 흐르는 눈물비로 내리고

유리창에 부딪치는 비는
소리 내어 가슴 치는 장대비로 내린다

그리운 어머님 생각하니
내리는 비에 가슴 젖고 젖더니

부모님의 사랑도 비에 젖어
눈물비 소리 없이 내린다

눈물이 빗물 되어 내리고 내리니
빗물도 눈물 되어 내리고 내리고

내 가슴 강물에 모여서 흐르더니
어느새 흐르는 소리 굽이쳐서 넘치네.

황혼 따라 물이 드네

가을 하늘이 해마다
꽃잎에 나뭇잎에
낭만의 단풍 물들이더니

내 님도 따라서
울음 웃음 손질해
황혼길 곱도록 물들이고 있네

찌든 삶 멍든 상처도
삭이고 우리고 말려서
영혼이 맑아 알록거리도록

님은 나에게 오색 꽃초롱 뿌리고 입히고
나도 님에게 운율 따라 먹이고 입히고 손 잡아서
저무는 황혼 따라 곱게 곱게 물이 드네.

내가 제일이야

꽃들의 웃음과
새들의 노래는
내가 제일이야
내가 제일이야

옆 돌아보고는
너도 제일이야
너도 너너도 제일이야

나도 제일 잘났고
너도 제일 잘났으니
우리들 모두는 유아독존(唯我獨尊)이요
우리들 모두는 개성진리체(個性眞理体)이어라

내 흉내를 남이 제대로 낼 수 없는
천상천하에 독특한
생명의 향기요 노래는
내가 제일 잘났어
내가 제일 잘났어.

낙엽 바람결

낙엽
바람결
첼로 선율 타는 가슴

농익은
과일 향기로
술 빚어 마시고는

붉은 얼굴
비비고
함께 잠들 줄 아네

노송들의 나들이

노송들이 달빛 따라
산 아래로 내려가더니

산골물 손 잡고
흐르는 강가에서

물오리 떼 노니는
갈대숲 바라보며

강물이 물들어 오는
황혼 얘기 엿듣고 있네

짓궂은 가을비

노붉은 과일들
얼굴 내밀고는
수줍은 젖가슴 돌아 감싸는데

가을비는 한사코
내리고 내려서는
우산 없는 단풍치마 벗기고 벗기니

아마도
사랑의 열매 따고서
우주 한 칸을 비워 보려 하누나

가을비의 질투

가을비가
떠나자 떠나자
재촉하더니

아직도 미련이
남았나 남았나
물어 본다

돌아서서
추적추적
계속 내리더니

단풍나무
이 치마 저 치마
흠뻑 적셔 벗기네

진달래꽃 · 2

햇빛 금실
사려 접어
꽃술 단 연분홍 가슴

강바람에
산바람에
치마폭 날리더니

나무꾼
지게에 꽂혀
옷고름 물고 웃는다

마북공원 산새 노래

빳츄 빳츄 빳츄
칫츄 칫츄 칫츄

아름다운 산새 노래

이 나무 가지에서
저 나무 가지로 날며

빳츄 빳츄 빳츄
칫츄 칫츄 칫츄

친구들 불러모아
빠빳츄 빠빳츄 빠빳츄
치칫츄 치칫츄 치칫츄

숲속이 아름다워
어느 시인이 거닐다가

마북공원에 버려진

사탕 봉지 물티슈 휴지 주우며

꽃잎 나뭇잎 어린 잎새들에게
이쁘다 사랑한다
인사 나누는 모습을
나뭇잎 흔들던 산들바람이 보고는

빙그레 웃으며
박수 박수 박수
치자 치자 치자

산새 노래 들어 보았냐고
내게 물어 본다.

오월의 산천은

오월의 산천은
어디를 보나 성스러운 춤결이다

청춘의 오색찬란한 꽃은
수분(受粉)하여 땅에 떨어지고
몸은 웃음 희망 피워낼 큰 숨 쉬고 있다

키우는 순간 순간의 사랑은
울고 불고 웃고 뛰고 하여 요란스레 흐르나
웃음 녹은 감성의 전율이 춤사위로 녹아
세포 속에 차곡차곡 쌓이고 있네

쌓인 사랑은 성장으로 나타나
눈부신 활력 보답하고선 말이 없다

햇살 아래 오월의 숲속은
살아 있는 생명들의 희망 노래로
매순간 창조의 신성이 눈부시고

이웃과 하나되는 조화 율동은
웅장한 진폭이 극에 닿으나
서로에게는 녹색 침묵의 율동으로
바람결에 유유하다.

햇살의 당부

여보세요
생존경쟁의 무서운 세상인데도
꽃도 피고 새가 노래하다니

햇살은 눈빛마다
웃음을 주려 하고
사랑도 주려 하고

바람결에 흔들리는
줄기마다
기쁜 소식 주려 하고

강물은 흐르면서
물새들 노래시켜
웃게 하라고 귓속말 주고 가네

힘내요 힘내
희망 부르고
노래하면서

그대 하느님 얼굴 위에
고운 햇살 내릴 때
노래 크게 불러 보라 하네.

낭만 바람결이

조용한 아침 햇살이
산책하자 하더니

바람이 살랑 불어
꽃잎 한 장 흔들어 놓네

지난 밤 달빛 여울
춤추는 모습 보고

아카시아 권하는
포도주 한 잔 하고서는

노래 하는 산새 따라
푸른 숲속으로 들어가네.

드뷔쉬의 달빛 음악이

대보름날 저녁
내 영혼의 도도한 강물 위에
드뷔쉬의 달빛 음악이 스며들더니
강 언덕에 산들바람 불어
물새 소리 요란하다

인생의 유일한 사색 반려자인 달
달빛 조화로 빚은 영혼의 행복 뜰 안
일상의 대화에 리듬을 주니
은빛의 맑고 밝은 달빛이
온 누리에 고루 내려 웃음 뿌리네.

칼바람 겨울이 온다

칼바람 겨울이 오고 있다
온도보다 더 차가운 급변의 바람이

집을 떠나서 옷은 누더기로
밥그릇 없이 배고파 허덕이는
낯선 환경의 칼바람이 불고 있다

쿵쿵 문소리 들으니
이제 와서 설쳐대는 느낌
거리의 젊은이들은 부대끼는 떠돌이 신세
노인들은 눈만 껌벅껌벅

입으로 먹고 발로 걷던 시대는 가고
머리로 먹고 빙빙 돌아 수직으로 솟는
걸음이 바퀴로 날개로 빛으로 진화한
칼바람이 지구를 돈다

걷던 시대의 진실과 정의는 덮힌다
날으는 빛과 율동의 시대로 혁신하는

현재를 잘라 솎아내어 버리는
칼바람의 겨울이 무섭게 오고 있다.

봄볕

햇살은
겨우 내내
말없이 소리 없이
당신을 사랑했다 하니

땅은 입김 뿜어
고맙고 고맙다고
아지랑이 아기춤
웃음꽃 피운다.

새벽눈

새벽눈이 내리네
아침을 거르고 시장기 흐르는 눈빛의
청춘 알바생들이 가볍게 휘날린다

이리저리 휘청거리다 보니
모두는 간밤에 소주 한 잔 한 시선으로
휘날리는 눈보라를 바라본다

손을 내저으며 필요 없다 필요 없다
말 대신 휘젓는 허공의 침묵 손짓
시린 가슴 안고 길섶에 처박힌다

눈물이 얼어 흰 꽃송이로 내리는
청춘 알바생들의 순결 숨결
참아 내리다 꾹꾹 참아 내리다 결심하며

눈물이 용솟음쳐 일어섰다 하면
붉은 꽃 피워서 온산을 덮으리 덮으리
두 주먹 불끈 쥐고 떠는 새벽눈을 본다.

꽃망울 눈망울이

한 해의 사철을 보면
하늘이 제 가슴을 쥐락펴락하며
태양 아래 넓은 강산을
사랑의 꽃동산으로 가꿔 놓는다

꽃망울을 무지개로 꽃피우고
노붉은 열매로 키우고 익혀서
침묵의 향기로 번득이게 하고
허기진 동물들의 배를 불린다

푸른 물결에
가슴 적신 구름과 햇살은
잔물결에 웃음 실어 놀다가
수초와 물고기의 삶의 터전 펼쳐 주고

끼리끼리 무리지어
들녘을 달리던 짐승들도
죽기 살기로 어러렁대다가도
순명의 질서에 몸을 맡길 줄 알고

생태계는 사랑의 꽃밭이어라
낳고 크고 밝히고 빛내고 돌고 돌아
익은 웃음을 침묵의 미소로 허용하여
구름처럼 강물처럼 흐를 줄 아네.

그대는 누구시길래 · 2

그대는 누구시길래
예측도 없이 초겨울 찬바람 일으켜
첫눈을 내리고 내리게 하여
놀란 가슴 열어 하늘을 닮게 하고
첫사랑 임을 불러 모닥불에 마주 앉게 합니까

그대는 누구의 가슴에서 왔는지
춤추며 내리던 꽃송이는
모든 사람들의 영혼을 홀려서
문밖으로 마중 나오게 하고는 얼싸안고
손뼉치며 소리치게 합니까

그대는 누구시길래
바람붓으로 새털 같은 눈송이를
나뭇가지에 바위에 지붕 위에
사뿐히 앉혀서 화폭으로 만드니
누구의 영혼으로 그려지는 창조적 예술입니까

하얀 빛은 너와 나의 가슴을 열게 하고

그대 앞에서는 모든 것이 씻겨져서
순백의 가슴을 갖게 하는 그대는 누구시길래
나의 뜨거운 눈물을 솟아나게 합니까.

고독한 과일 향기

불어오네
날아오네
임 그리는 고독 향기

달빛의
애무 받고
햇빛의 사랑 받고

새 소리
바람소리
달빛 별빛 잠들고

땅의 기운
뭉쳐낸
알알이 빛난 얼굴

새콤달콤
사근사근
고운 맛도 음색도

그대 품에
안기어
잠들고 싶은 향기.

커피 한 잔 속의 그리움들

은행잎 노랗게 물든 창가에 앉아
휘돌아 피어오르는 커피향 속에서

푸른 하늘에 흐르는 구름조각 바라보니
윤리 진리에 묶여 좁은 길 꿈꾸며
반공 애국길 가던 숨막히던 내 청춘의
배고픈 시절이 그립다

구름에 피는 하얀 억새꽃 연상에는
진리와 철학 뛰어넘는
노년의 친구들이 그립고

고개 돌려 뒷산 단풍 바라보니
곱게 물들고 싶어하는 아내가 하늘거리네

깊은 숨 들이쉬는 숨결에
아름답게 익은 과일 향기 그리운데

나는 누구에게 어떤 향기로 다가갈까
고독해져 커피잔을 든다.

4
하얀 그리움

이웃과 나눠 마신
정다운 차 한 잔이

눈 향기로 날고 싶은
하얀 그리움 솟네

하얀 그리움

푸른 하늘
높이 뜬
흰 구름같이

이웃과
나눠 마신
정다운 차 한 잔이

맑은 바람
고운 정
솔솔 불어오면

눈 향기로
날고 싶은
하얀 그리움 솟네.

너도바람꽃(아네모네)

찬바람
긴 겨울
눈보라 안고
살아온 그대는
사랑의 질투로 쫓겨난
미모의 여인이었나요

순박한
하얀 사랑
꽃잎에
숨은 그리움
애절한 향기 피우고자
연일 봄바람을 부르고 있었나요.

모과(木瓜)

못생겼다
눈총받아
토라져 앉은 몸매

순한 가슴
열고 닫아
노랗게 쌓은 향기

끓는 물에
풀린 맛은
내 가슴 흔들고 하늘 오르네.

인생길 뒤돌아보니

유년 시절은
운동화 끈 졸라매고
튀는 공놀이에 정신없었고

청년 시절은
등산복 입고
땀흘리며 정상 올랐고

장년 시절은
스케이트 신고
낭만의 얼음판을 멋내더니

노년에는
찬바람 눈길에서
스키를 타네.

새벽길

별빛 쓰고
달빛 밟는
새벽 첫걸음

내일의
꿈을 안은
발자국 소리는

피아노
건반 위를
뛰며 춤춘다.

물이 물고 흐르네

하늘이
하늘거리다가

땅에
땅 닿으니

바람이
바람옷 입히니

물이
물고 흐르네.

선택이란

긍정적 삶
절대 자유의 세계에서

사랑의 낚싯바늘을 무는 것
사랑의 선율 타는 것

티격태격 알꽁달꽁
우주의 인연으로 하나 되어

사랑 공명 이루는
기쁨의 외길

사랑의 길 벗어나는
죽음길도 있다.

미소

물처럼
바람처럼
자유의 문 열어 놓는다

자존의
햇살 율동
감성에 사무친다

안다
그저 안다
눈빛 영혼으로 몸짓으로.

눈물로 솟아라

맑은 바람이
미세먼지로 흐르고

푸른 강물이
오염되어 죽어 흐르니

너도 나도 찧는 입방아가
진실로 유통되니

아서라
흐름 타지 말고 눈물로 솟아라.

하얀 면사포

첫눈이 내리네
하얀 면사포로 내리네

순진한 수목들에 입혀
그대 가슴에 시집 보내니

순결 사랑 잘 안아서
붉은 동백꽃 피워 보소서.

아기 진달래꽃

아침 산마루
아기 진달래꽃 눈 비비고 일어나
두리번 두리번 엄마 찾아 울고 있더니

산까치 날아와
엄마는 나물 캐러 갔으니
좀 있으면 올테니 나랑 놀자 한다

소나무 스치는 살랑바람도
한들한들 손짓해 다독여 달래니
연분홍 꽃망울이 생끗이 자를 그린다.

달빛 그리움 안고

달빛 미소
놀란 강물

잔물결로
반짝반짝

굽이굽이
돌아보며

유유한 척
내려가네.

부활의 눈빛들

물이나
바람이나 구름들은
여러 번 죽었다 살아나니
유유히 흐를 줄도 알고
머물러 기다릴 줄도 아네

말이나
글이나 행동도
물처럼
바람처럼
눈보라 세상 죽기 살기 이겨내니
남의 말 들을 줄도 알고
따뜻한 사랑의 말 나눌 줄도 아네.

한 송이로

눈물 한 방울
가슴에 떨어져
푸른 하늘을 보았습니다

속삭임 깊어
천년을 감춘 그리움
한 송이 꽃으로 피었습니다.

첫사랑 고운 님

말 없이
커튼을 내리고
머리에 가슴에 어깨 위에
쏟아지는 하얀 그리움
호호 손을 불며
옷에 감긴 미소 떨며
반짝이는 눈빛
그대 첫사랑 받고자
수많은 나날 지샌 텅빈 내 가슴
따뜻한 차 한 잔 올리니
잠시 언 몸 녹여 잠드소서
첫사랑 고운 임아.

삶은 흔들어야

삶은 매순간 흔들어 깨워서
햇살 아래 땀 흘려
일하도록 하고

삶은 언제나 쫓기듯
게으름 벗어나는
새 안정 길 찾도록 하고

삶은 언제나 이웃과 손 잡고
공생의 길 찾아서
기쁨의 길 가도록 하고

삶은 언제나 날 흔들어서
용서의 가르침 받아 미소로
감사의 길 가도록 하네.

귀소본능(歸巢本能)

연어가 부화했던 개천을 찾고
철새들도 때맞춰 늪지로 날아드는데
나도 내 고향 그리워
그곳으로 돌아가고 싶다

엄마 아빠가 날 키웠던 집이 그립고
산과 강 언덕 사계절이 그립고
순이와 자야의 웃음소리 잠든 들녘
그곳으로 돌아가고 싶다

노년의 노곤함을 달래고 싶고
고독한 내 모습 청춘을 더듬어볼 수 있는
보금자리 그리워 회상하다 문득
그곳으로 돌아가고 싶다

그러나 숙명으로
본향 하늘로 가는 길은
외로워서 그런지
망설이는 그리움 있네.

직녀 발걸음

칠석 무렵
직녀가 견우 만나러 은하수 건너는 도중
메마른 생강 한 줄기 보고서는
가슴에 흐르는 정 한 줄기 뽑아서
우림 강가에 주루룩 붓고서는
춤추며 흐르는 물줄기 보고파
맛있게 먹고 힘내라고
멸치젓갈 무친 풋정구지 김치 주머니 하나
달빛 어린 문고리에 걸어두고 갔네.

불빛의 터널

심호흡에
하늘과 땅이 왔다 갔다 한다
오고 갈 때 켜지는
번갯불 빛은
노래로 기쁨 주며
장작 불꽃보다
더 뜨거우나
생각 속에 잠기어
긴 신비의 길로
나아간다.

책 속에서

책 속에 길이 있다 했다
진리와 자유도 있다 했다
빛도 사랑도 있다 했다
모든 답이 있다 했다

그러나
나의 길 나의 진리는 없었다
나의 자유 나의 사랑도 없었다
나의 빛도 없었다

오직 참고서

나는 넘어지고 넘어져서
나의 길을 걸어서 터득해서
빛과 진실과 사랑을 쌓아
실체가 되어야 했다

책은 나에게
그렇게 대답했다.

요양원

시골 초등학교가
사회로 나아가는
공부의 시작 문이더니

세월은
초등학교를
요양원으로 만들고

요양원은
땅으로 들어가는
설거지의 시작이 되네.

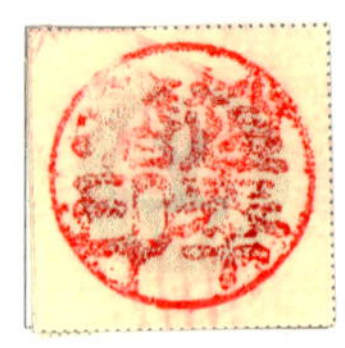

조봉제 시집_ 너랑 아리랑

초판 인쇄 | 2018년 3월 20일
초판 발행 | 2018년 3월 26일

지 은 이 | 조봉제
발 행 인 | 문효치
편집국장 | 김밝은

펴낸곳 | 사단법인 한국문인협회 月刊文學 출판부
주소 | 서울시 양천구 목동서로 225 대한민국예술인센터 1017호
전화 | 02-744-8046~7
팩스 | 02-743-5174
이메일 | klwa95@hanmail.net
등록 | 2011년 3월 11일 제2011-000081호
ISBN 978-89-6138-370-7 03810

값 8,000원